Sandrine VASQUEZ

Ton Frère

s'appelle Léon

Ton Frère s'appelle Léon

Ce livre est dédié à Esmée,

Notre bébé bonheur

Et Léon,

Notre bébé des étoiles

SOMMAIRE

Introduction

Ma chérie, ma toute petite fille. Je décide de t'écrire ces quelques mots pour te raconter notre histoire de famille.

En ce moment même, tu es bien au chaud dans le ventre de maman. Nous sommes le 11 avril 2021, je suis enceinte de quatre mois. J'ai découvert seule, lors d'une échographie, il y a deux jours ton petit secret. Tu es une fille, une petite princesse.

Ton super papa est depuis un mois parti en Martinique en mission, il sera de retour en juillet. Nous repartirons ensuite tous les quatre, pour y vivre durant deux ans. Quelle chance nous avons ! Alors si tu te demandes pourquoi je parle de « quatre », voici notre histoire. Ton histoire…

Tu n'es pas la première à occuper le creux de mon ventre. Et malgré tout, je suis certaine que tu le sais déjà là où tu es.

Tu as un grand frère, aujourd'hui devenu ton grand frère des étoiles.

Ton frère s'appelle Léon.

1. Découverte et projections

Nous avons découvert l'existence de Léon, bien au chaud, le 28 septembre 2019. Ton frère s'est logé ici le 13 septembre 2019, veille de la demande en mariage que m'a faite ton papa, en haut d'une montagne à Èze, sur la Côte d'Azur où nous vivons depuis sept ans. Je te raconterai sa demande un jour, il m'arrive encore de me demander comment il a fait pour ne pas se désister !

À la lecture de ce test de grossesse positif, c'est la panique pour moi ! Nous le voulions, mais je n'imaginais pas que cela arriverait aussi vite. Ton papa, lui, était tout excité... Pour tout dire, c'est lui qui m'a donné le résultat alors qu'il tournait en rond dans la salle de bain avec ses bananes – on rentrait des courses – encore dans les mains. Et là... ton père me dit : « Oh punaise ! Minouche, tu es enceinte ! », le sourire aux lèvres. Je lui réponds : « Ce n'est pas possible ! Comment on va faire ? »

Je regarde le test à nouveau, relis la notice. Oui, c'est bien vrai, je suis enceinte. Je contacte alors Laura ma belle-sœur puis Émeline, alias Meuh, ma meilleure amie, tes tantes, qui n'en reviennent pas non plus. Et là s'en suit un grand nombre de questions… Comment allons-nous organiser le mariage en plus de l'arrivée du bébé ? Allons-nous y arriver ? Financièrement, mais aussi dans notre vie de couple. Puis finalement, ton père comme toujours me rassure.

Nous découvrirons en décembre 2019 qu'il s'agit d'un petit mec. Alors nous cherchons des prénoms avec papa. Nous avions déjà une idée pour une fille, Jade. Mais le garçon… pas d'idées. Assis dans la cuisine chez tes grands parents, à Lavilledieu, ton père m'énumère tout le calendrier lors d'un petit-déjeuner. Arrivé au 10 novembre, le prénom Léon. Et là, c'est une évidence. Nous nous mettons d'accord, enfin. Nous pouvons nous projeter sur ce qui nous attend en tant que parents avec ton frère Léon.

La grossesse se passe à merveille. Fin février, je passe le week-end à Montpellier, enceinte alors de six mois pour fêter mon enterrement de vie de jeune fille, la fin de ma vie de « célibataire » et la baby shower pour l'arrivée de ton frère. Tes tantes Meuh et Céline, mes meilleurs amies qui sont initialement mes témoins de mariage, me font vivre un week-end génial. Un merveilleux moment entre filles, tout en sachant que sur 9, nous étions quatre filles enceintes. Dont tata Meuh qui, quelques mois plus tard, a mis au monde ta cousine Lila.

S'en suit après, mi-mars, le premier confinement. Une pandémie mondiale que tu liras probablement dans tes livres d'histoire à l'école, le covid-19, fait son apparition alors que notre mariage était prévu le 18 avril 2020 avec papa, ce dernier a donc dû être annulé… Quelle déception ! Alors que tout était prêt. Alors que beaucoup autour de moi me disaient : « Tu te rends compte pour ton mariage tu ne pourras pas picoler ! » Je m'en fichais.

Tout était clair dans ma tête, j'avais tout prévu. Porter LA robe de mariée, avec mon gros bidon, à sept mois de grossesse. La mairie, la séance photo, les animations, le buffet, le DJ et nos musiques, dont celle de l'ouverture de bal, *More than anyone*, de Gavin DeGraw. Je nous y voyais déjà. La fontaine à champagne, le gâteau puis la folie toute la nuit. Cela devait être notre journée. 2020 devait être notre année.

Finalement ce jour-là, nous sommes enfermés chez nous à Fréjus, à jouer à des jeux de société avec des amis. Mais à ce moment-là, même si la déception était grande, il nous restait encore le plus beau à vivre. La naissance de ton frère.

Le 16 avril, lors de la dernière échographie, le gynécologue qui m'ausculte me dit que je vais avoir un gros bébé, proche de 4 kg. À ce moment-là, je ne me pose pas plus de questions que ça. Je me dis qu'on verra bien. Puis un bébé bien potelé, c'est tellement plus mignon. Mi-mai, dernier rendez-vous de contrôle avec le gynéco. Je suis à trente-six semaines de grossesse et là encore, on me dit que Léon va être un gros bébé, que si ça continue il va être difficile de le sortir pour un premier bébé. On insiste en disant que ce serait bien qu'il sorte avant le terme prévu le 13 juin.

Je prends alors rendez-vous avec ma sage-femme, Isabelle, qui me propose de faire de l'acupuncture, ainsi que de déclencher le travail à trente-huit semaines pour accélérer les choses. Manque de chance, un résultat sanguin indique que je suis positive au streptocoque B. Rien de grave à première vue, mais cela ne permet pas de me faire le décollement des membranes comme prévu. Isabelle, que je vois tous les deux jours, essaye tant bien que mal de faire accélérer le processus. De mon côté je mets également tout en œuvre, les méthodes de grand-mère : ménage, lavage des vitres, marche, ballon, tisane de framboisier… On a même fait deux petites randonnées avec ton papa, au mont Vinaigre, à une semaine du terme. Rien. Rien n'y fait.

Je sentais que je devais accoucher, je ne sais pas pourquoi, mais j'avais ce pressentiment au fond de moi que mon fils devait naître, là, maintenant. Peut-être parce qu'on m'a rabâché qu'il allait être un gros bébé, que cela pourrait être difficile de le faire sortir. Puis finalement j'ai compris plus tard, c'est cela qu'on appelle « l'instinct de mère ». Seulement je n'en ai pas parlé, je n'ai pas su me faire entendre.

Le mardi 9 juin, Isabelle appelle mon gynéco à l'hôpital de Fréjus. Il me reçoit en urgence afin de faire un contrôle. Pour lui tout va bien, mais entendant mon désespoir, il demande à faire passer mon dossier en commission pour déclencher l'accouchement. Le lendemain, j'attends comme prévu qu'il me rappelle, normalement vers 9 h au matin, pour me dire ce qu'il en est. Mais à midi toujours rien, pas de nouvelles. Je décide alors d'appeler la maternité mais comme à leur habitude, impossible de les joindre... Agacée, je me rends directement sur place et là j'apprends que mon gynéco est en repos – oui, il est parti en congé mais n'a pas pris la peine de me rappeler avant – et qu'au vu de ma grossesse, il n'y a pas d'urgence. Je ne serai donc pas déclenchée bien que bébé soit prévu comme un gros bébé de 4 kg. Alors nous patientons encore.

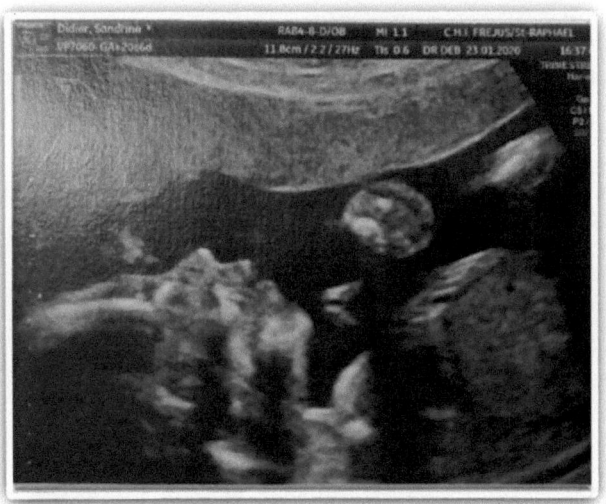

2. La rencontre

Vendredi 12 juin, 9 h, rendez-vous de contrôle à la maternité comme recommandé lorsqu'on arrive à terme. Après avoir attendu trois heures, la gynécologue qui m'examine décide de me garder. Il semblerait que je n'ai plus assez de liquide amniotique, qu'il faut donc que je reste sous surveillance. Elle m'autorise une heure pour rentrer prévenir papa, prendre mes affaires, manger et revenir. Ce que nous faisons. Lorsque nous fermons la porte de l'appartement à ce moment-là, nous sommes tout heureux, excités à l'idée de nous dire que la prochaine fois que nous passerons cette porte, nous rentrerons à trois.

Nous arrivons à la maternité. On me refait un monitoring ainsi qu'un contrôle. Bizarrement, on nous dit que ça y est, le travail a commencé. On nous installe dans la chambre, on s'empresse de prévenir la famille et nos proches. Ça y est, c'est la dernière ligne droite.

Léon va pointer le bout de son nez. 18 h, nouveau monitoring de contrôle. Les contractions arrivent, mais tout est encore largement raisonnable. Nous retournons dans la chambre. On se pose plein de questions, nous sommes excités mais à la fois on se demande aussi combien de temps cela va durer.

Je suis un peu stressée à l'idée de l'accouchement mais papa encore une fois a toujours les bons mots. Puis il est là, ça c'est le plus important !

Avec cette crise sanitaire, des restrictions ont été mises en place et certains hôpitaux interdisaient la présence du coparent. Impensable pour moi !

21 h 30, alors que nous regardons un concert sur TF1, les contractions deviennent douloureuses. La sage-femme du service me conseille de prendre une bonne douche chaude. Je m'exécute. Oui, c'est vrai, ça soulage… sur le moment seulement ! Une fois la douche terminée, ça repart de plus belle. On compte les contractions. Elles sont régulières, et moi je

m'agrippe au bord du lit ou au bras de ton père pour tenir le coup. On retourne alors faire un monitoring et contrôler l'ouverture du col.

Je suis à 3.5. On me propose la péridurale. J'accepte sans hésiter. Je supporte mal la douleur, alors si je peux me soulager je prends ! Grand respect à ta tante Meuh qui elle a attendu d'être à 7 ! Je lui tire mon chapeau !!

Il est alors 23 h 30, nous sommes installés en salle de naissance. Et la nuit commence.

Assis sur une chaise raide, ton pauvre papa était épuisé aussi. Sa tête reposait sur un boitier pour essuie-mains. Il s'impatientait, n'arrivait pas à dormir correctement. Il me demandait de dormir aussi pour être en forme... mais moi trop excitée à l'idée de rencontrer Léon, je n'y arrivais pas. Il partait de temps en temps prendre l'air, chercher de quoi boire et grignoter. Seule dans ces moment-là, à peine il passait la porte je l'appelais, je le voulais près de moi ! Le pauvre... il a tenu le coup parce qu'il est un papa et un mari parfait mais je reconnais ne pas être toujours facile. Durant la nuit, la sage-femme vient me voir toutes les heures pour contrôler l'évolution du col. À 7 h du matin, je suis à 9. On se dit que c'est pour bientôt, ENFIN !

8 h 30 du matin, je suis à 10. Alors dans nos têtes, ça y est, c'est pour maintenant. C'est sans compter la péridurale qui me lâche à ce moment-là. Je souffre, des contractions toutes les minutes, sans repos. On me donne du gaz hilarant pour m'aider à supporter la douleur mais rien n'y fait. L'anesthésiste me dit qu'il est impossible de reposer une péridurale à ce stade. Je suis trop avancée. Là je panique, je pleure, je hurle de douleur, et surtout comment je pourrais accoucher dans cet état. Finalement, il décide de me reposer la péridurale. OUF ! Soulagement.

Une fois tout ça passé, la première chose qu'il me vient en tête est de savoir si mon bébé va bien. « Pas d'inquiétude tout va bien, le monitoring est parfait, reposez-vous », me dit la sage-femme Marine.

Il est 10 h. Je suis bien à 10 mais bébé est trop haut dans mon bassin. On nous dit qu'il faut encore attendre qu'il descende davantage. Epuisés, nous nous endormons avec papa. L'un prêt de l'autre. 11 h 45, Léon est encore haut. On me demande de pousser, pour voir si je m'y prends correctement et si je pourrais aider bébé à descendre.

12 h 15, on m'installe enfin. Je commence à pousser. De mon côté, tout se passe bien. Je reçois même des félicitations des professionnelles tant elles sont surprises de me voir si bien m'y prendre pour un premier bébé. Le hic, c'est Léon qui semble avoir la tête mal positionnée, ce qui l'empêche de bien suivre la trajectoire pour sortir. Vingt minutes plus tard, la gynécologue, Dr G. arrive pour nous aider. Elle utilise alors la ventouse pour aider Léon. Rien n'y fait. Seule ma manière de pousser pourra faire sortir bébé.

12 h 58, Léon est né. Je m'effondre, mon fils est enfin là. Oui, mais... il ne pleure pas. Il ne réagit pas. Il est tout blanc.

Tout se passe si vite. Je regarde ton papa qui semble perdu aussi. On nous dit alors de ne pas nous inquiéter. « Nous allons l'aider un peu et on revient, ne vous inquiétez pas, ça arrive », me dit la sage-femme Marine qui part précipitamment, notre bébé dans les bras. Sans trop comprendre ce qui nous arrive, perdus, partagés entre plusieurs émotions, nous patientons.

Dr G. revient à plusieurs reprises nous poser des questions et nous expliquer que Léon est en souffrance, qu'ils font ce qu'il faut pour le récupérer. On entend sans trop entendre. Elle me fait les derniers soins suite à l'accouchement, points, etc., et là s'en suivent de longues minutes d'attente.

Nos proches et familles nous envoient des messages pour savoir où l'on en est. Mais que répondre... On décide alors d'envoyer un message commun à tous, semblable à : « Notre Léon est né mais tout ne s'est pas passé comme prévu. Il est sorti tout blanc. On n'en sait pas plus encore, ils s'occupent de lui, on attend. On vous tient au courant ».

Deux heures plus tard, on nous informe que Léon est stable, qu'il va devoir partir en réanimation néonatale à Nice, soit à 70 km de nous. On nous demande de lui préparer quelque chose qui lui rappelle sa maman et son papa. Nous lui donnons son doudou, imbibé du parfum de papa, ma robe de maternité jaune que je portais à mon arrivée à l'hôpital, avec mon odeur.

À ce moment-là, on ne comprend toujours pas ce qu'il se passe, ni comment est notre bébé.

On veut juste voir notre fils. Papa est le premier à aller le voir. Moi, je suis toujours allongée sur ce lit en salle de naissance. Il m'envoie des photos. Revient. Et me dit qu'il est tellement beau. En regardant les photos j'ai du mal à réaliser que c'est mon fils. Mon fils avec tous ses branchements ? Vraiment ? Pourquoi ? Que s'est-il passé ? J'ai besoin de comprendre.

L'ambulance du service de réanimation arrive pour le chercher. On s'empresse alors de me transporter en fauteuil jusqu'à lui pour que je le vois avant son départ. Le médecin de Nice qui va accompagner Léon me propose de le porter dans mes bras. J'ai peur avec tous ces fils, je n'ose pas bouger, j'ai envie de lui parler, de l'embrasser mais rien ne sort. Papa nous prend en photo, une photo souvenir. Étrange, ce genre de photo. Ce n'était pas ce qu'on avait imaginé ! Ça non !

Cinq minutes… c'est le temps où j'ai pu porter ton frère.

Pendant que tout le personnel s'occupe de Léon pour l'installer dans cette grosse couveuse, le médecin tente de nous expliquer ce qu'il se passe. Je me souviens de cette phrase qui a tout fait basculer : « Nous allons tout faire pour sauver votre Léon mais à ce stade nous ne savons pas encore s'il sera viable ».

Tout s'effondre, ton papa et moi sommes en pleurs. Comment ça « viable » ? Ça veut dire quoi ? Léon a été plongé dans une sorte de coma. Ils vont l'envelopper d'une couverture refroidissante afin de faire baisser la température de son corps, dans le but de protéger son cerveau. En effet, Léon a manqué d'oxygène, c'est pour ça qu'il est né tout blanc. Le but maintenant est de préserver son cerveau, afin qu'il travaille le moins possible, qu'il ne force pas, pour limiter les séquelles qu'il pourrait avoir par la suite.

On apprendra quelques jours plus tard que ton frère a été réanimé durant dix-huit minutes… Soit deux minutes seulement avant d'avoir été déclaré mort. Il faut savoir qu'au bout de vingt minutes, un bébé est déclaré décédé.

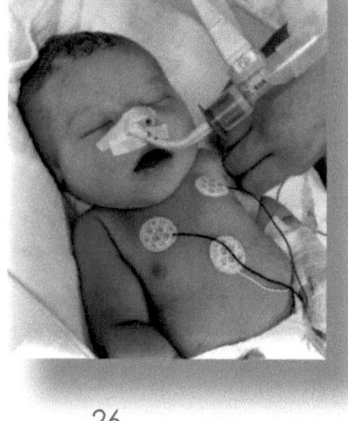

3. La séparation

Il est 15 h 30, ton frère est emmené à Nice, à l'hôpital L'archet. Nous sommes raccompagnés dans notre chambre en service maternité, le ventre vide, les bras vides. Perdus tous les deux.

Papa et moi décidons qu'il allait rejoindre Léon pour ne pas le laisser seul ! On informe nos proches et famille de ce qu'il se passe. Toujours dans le flou car nous comprenons qu'à moitié. Le téléphone sonne, c'est Nice qui m'informe que le trajet s'est bien passé. Léon est stable. Ils nous conseillent de ne pas venir tout de suite car ils vont s'occuper de Léon, l'installer, lui faire des pansements, cela peut prendre du temps.

Papa rentre alors se doucher, manger un bout. Pendant ce temps, Marine et Dr G. viennent me rendre visite dans la chambre, déboussolées elles aussi. Elles m'expliquent qu'elles ne comprennent pas ce qu'il s'est passé mais que j'ai fait tout ce qu'il fallait, j'ai bien poussé, rien ne pouvait laisser présager que Léon était en difficulté. Elles me confirment avoir réétudié le monitoring de ton frère. Tout était normal. Elles vont tout faire pour que je rejoigne Léon dès que possible, dès ce soir même, que je sois transférée à la maternité à Nice.

Papa revient me voir. Nous avons donc quelques heures devant nous. Nous nous reposons tant bien que mal. Nous sommes tristes, nous voulons notre fils près de nous, mais surtout qu'il s'en sorte.

18 h, papa décide de partir rejoindre Léon. Je me retrouve seule dans la chambre. C'est un cauchemar. Dr G. revient me voir une nouvelle fois, m'informe que je serai transférée dès ce soir et qu'une ambulance viendra me chercher vers 20 h. Je m'empresse de rassembler mes quelques affaires éparpillées dans la chambre. Et j'attends... impatiente !

Papa m'appelle à son arrivée à Nice, il est avec Léon. Il est beau, semble apaisé. Je suis rassurée de le savoir avec lui.

Papa m'envoie des photos. Ton frère est entouré d'une sorte de couverture blanche, sur laquelle repose ma robe et le doudou tout prêt de lui. Il est si beau !

20 h 00, j'attends que l'ambulance arrive. 20 h 15 toujours rien. Ton papa m'envoie des messages, aussi impatient que moi de savoir quand je vais enfin arriver. 20 h 30... ah ! enfin ! Les voilà arrivés ! Dr G. est à nouveau présente, me souhaite bon courage, me dit qu'elle prendra de nos nouvelles, que je ne dois pas m'en vouloir, rien n'est de ma faute surtout. À ce moment-là, je ne réfléchis pas encore à tout ça. J'ai juste envie de retrouver mon fils.

Le trajet me semble long. L'auxiliaire ambulancière, sympathique, tente de me faire la discussion. Mais comment expliquer ce que je ne comprends pas. Alors je lui explique les faits. Elle me rassure, l'hôpital l'Archet est le meilleur qu'il soit pour les enfants.

21 h 30 environ, j'arrive enfin. Une pressante envie de faire pipi, l'ambulancier m'emmène aux WC mais bloquée. Je n'y arrive pas correctement. Tant pis ça attendra, je veux voir Léon. On me transporte dans un service, toujours pas celui de réanimation, il faut faire mes papiers d'entrée en maternité. Je suis agacée, j'ai autre chose à faire, moi. Compréhensive, la sage-femme demande à un brancardier de l'hôpital de me mener en réa.

4. Les retrouvailles

J'arrive enfin. Je retrouve papa, lui tenant la main. Ton frère, semble dormir, apaisé. On m'explique à nouveau ce qu'il se passe, moi encore pliée en deux tant j'ai besoin de faire pipi. Elle me propose d'aller aux WC les plus proches, destinés normalement au personnel soignant. Mais toujours bloquée, je n'y arrive pas. Peu importe. Je veux retourner près de mon bébé.

Léon a un tube dans le nez raccordé à une grosse machine, un petit tuyau qui sort de la bouche, des câbles collés partout sur son petit corps, un petit détecteur pour le cœur qui entoure son pied, et cette grosse couverture rigide, blanche, qui l'enveloppe. Malgré tout ça, il est si magnifique. Je le caresse, lui parle, lui dit qu'on est là, qu'on l'aime.

23 h passées, épuisés, papa me propose de monter dans la chambre. Nous avons la

possibilité de venir visiter Léon jour et nuit, sans limite.

En revanche, arrivés devant le service de maternité, nous sommes informés que papa ne peut pas rester avec moi. Ici, ils interdisent la présence des coparents la nuit à cause du covid. Ils ont l'autorisation de visite de 14h à 18h seulement. VRAIMENT ? À ce moment-là je suis énervée, désemparée ! Je suis déjà séparée de mon fils, vous allez laisser papa sur le pas de la porte ?! À Fréjus il pouvait rester 24h/24. Il me semble impossible de passer la nuit seule dans cette chambre. La sage-femme du service, l'autorise à rentrer seulement quelques minutes pour m'accompagner jusque dans la chambre, installer mes affaires et me dire au revoir.

En cet instant, j'ai juste envie de repartir avec papa. Mais alors ça voudrait dire laisser ton frère, qui est déjà trois étages en dessous de moi, tout seul dans cet hôpital. Non ! Papa appelle alors Henry, un ami qui vit à Nice, ton parrain. Malgré l'heure il répond, et sans hésiter, dit à papa de venir dormir chez lui.

Nous nous disons au revoir, nous serrons très fort l'un contre l'autre et nous donnons rendez-vous le lendemain matin pour voir Léon.

La nuit a été longue… Partagée entre pleurs, quelques passages de sommeil, douleurs car je n'arrive toujours pas à faire pipi correctement. Mais si ce n'était que ça… Je suis seule, dans un service maternité, j'entends des bébés pleurer sans cesse dans les chambres à côté. Mais moi, mon bébé n'est pas avec moi. Et surtout il ne pleure pas. Il est endormi. Sans cesse. J'hésite plusieurs fois dans la nuit à descendre le voir. Puis je me rappelle de ce que m'a dit la sage-femme lors de son dernier tour avant la nuit, « une maman efficace est une maman en forme et reposée ». Alors je prends sur moi et tente de me reposer. 7 h du matin, j'allume la T.V., mets de la musique pour passer le temps. Je regarde mes réseaux sociaux. Je m'aperçois qu'une influenceuse a accouché hier aussi, le même jour que moi, le 13 juin, d'une petite fille en bonne santé. Elle publie une photo, celle que j'aurais aimé publier. Son bébé dans les bras, sourire aux lèvres, le papa qui les enlace. Je verrouille mon tel et décide de ne plus regarder les réseaux à ce moment-là.

7 h 30, le petit-déjeuner arrive. Je suis soulagée, après ça je vais vite me doucher et je descendrai voir ton frère.

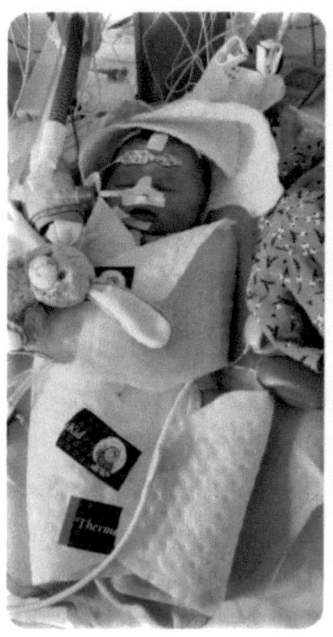
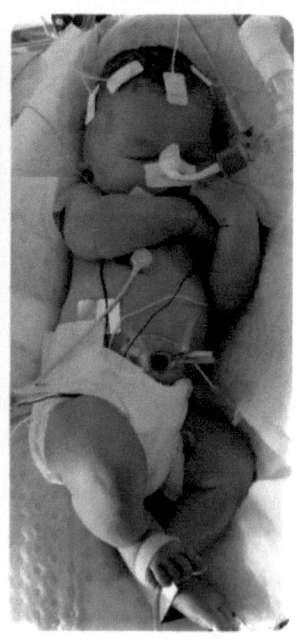

5. La réanimation néonatale.

8 h 30, me voilà trois étages en dessous.
Léon est stable, il a passé une bonne nuit. Rien
à signaler. Papa arrive quelques minutes après,
on est dimanche 14 juin. De longues journées
nous attendent, avec toujours les mêmes bruits
autour de nous. Des bips, certains bébés qui
pleurent. Mais pas lui. Léon ne pleurera
jamais…

Léon était dans une grande chambre qui
pouvait accueillir quatre bébés en tout. On en a
vu passer des bébés, venir puis repartir. Mais
nous non, nous sommes toujours là. Et on
attend.

On passe nos journées assis à ses côtés, à
faire des photos, à lui parler, l'embrasser
timidement. Puis viennent les premiers soins.
On nous propose de le masser. Lui changer la
couche. C'est papa qui s'y colle. Changer la
couche... Il n'y avait rien à changer en réalité.
Léon était sondé. Et ne mangeait pas.

Il recevait par perfusion les nutriments nécessaires. Là aussi, quelle déception ! Moi qui voulais allaiter. La puéricultrice qui s'occupait de Léon ce jour-là m'informe qu'il est encore possible de mettre ça en place. Évidemment, pas comme je l'avais imaginé, au sein. Mais en tirant mon lait. On me donne alors une ordonnance pour louer un tire-lait. Une conseillère en lactation m'explique comment m'y prendre manuellement pour les débuts, à l'aide de mes doigts.

Le midi, je devais remonter dans la chambre, seule encore en attendant 14 h, les visites, pour déjeuner.

À peine arrivée dans la chambre, je laisse mon plateau repas de côté et me mets à presser ma poitrine pour stimuler la montée de lait. Me voilà avec mes tubes de seringues pour récolter le premier lait, le colostrum. J'avais un nouvel objectif, qui me rendait plus active, plus utile pour mon fils. Qui me rendait un peu plus mère que ce que je pouvais l'être. Je pourrai lui donner ce lait quand il se réveillera. Enfin ça, c'est ce que je pensais...

Pendant ce temps, papa se retrouvait seul à l'accueil de l'hôpital pour manger ses plats livrés par Uber Eats. On se retrouvait rapidement après manger, pour retourner voir ton frère. L'après-midi on passait beaucoup de temps avec Léon puis quelquefois on revenait dans la chambre pour me permettre de me rafraichir. Les désagréments du post-partum... J'aurai largement le temps de t'en reparler, ma fille.

Le soir, vers 19 h, mon repas dans la chambre était servi. Je devais donc remonter, encore une fois seule, pour manger. Nous décidions alors avec papa de nous dire au revoir à ce moment-là, c'était un déchirement chaque fois. Lui restait avec ton frère pendant que moi je montais pour manger, puis ensuite il rentrait chez Henry se reposer et je prenais le relai. Je redescendais souhaiter une bonne nuit à Léon.

Lundi 15 juin, nouvelle journée. 7 h 30 petit-déjeuner. Je me douche, me prépare à rejoindre ton frère. Un sage-femme toque à la porte, il veut me parler, voir si tout se remet comme il faut après l'accouchement, physiquement. Tout va bien, je ne pense pas à lui parler à cet instant de mes difficultés à faire pipi encore, je pense juste à ma sortie. Je veux sortir dès demain, parce que je ne supporte plus d'être séparée de papa. Ton frère a besoin de nous, mais nous, nous avions besoin d'être réunis.

Alors même si laisser Léon seul dans cet hôpital ne me plaisait pas non plus, je savais qu'il était bien entouré lorsque nous n'étions pas là. Le personnel soignant était si attentionné, doux et tendre avec lui.

Le sage-femme entend ma demande et reviendra vers moi dans l'après-midi pour me confirmer ma sortie.

Je retrouve Léon. Papa a fait un aller-retour à Fréjus pour récupérer des affaires à la maison, déclarer la naissance de ton frère à la mairie et passer à la maternité récupérer son dossier. Il s'occupe également d'aller réserver le tire-lait à la pharmacie. Puis il revient à Nice en début d'après-midi.

La journée est de nouveau rythmée par les soins toutes les quatre heures, nous pouvions à notre tour le masser et lui changer la couche.

Dans l'après-midi, alors que nous revenons dans la chambre papa et moi, deux sages-femmes viennent faire un nouveau point avec moi. Après en avoir discuté avec papa, au risque que ma sortie soit repoussée, j'explique que je ressens une gêne et une douleur sur le côté gauche du ventre et qu'elle remonte au fur et à mesure. On m'examine, et me propose de faire une échographie pour vérifier si mon utérus s'est bien remis. Je leur demande de patienter cinq minutes, il me faut aller faire pipi... Quelques minutes plus tard, me voilà à l'échographie. Et là, la surprise. Ma vessie est pleine. Alors que je pensais avoir fait pipi juste avant d'y aller. C'est donc ça qui fait remonter mon utérus et provoque cette gêne et douleur. Cela explique aussi cette sensation d'avoir envie de faire pipi sans cesse mais de ne pas y arriver. De retour dans la chambre, on me pose une sonde. Me voilà, comme mon fils, sondée. Il est près de 17 h, je demande au sage-femme s'il y en a pour longtemps, je ne veux pas manquer les soins de Léon. Il semble que j'en ai pour plus longtemps que prévu, et pour cause, j'avais plus de 1.25 L dans la vessie. Il était temps que j'en parle. Heureusement que je ne suis pas partie de la maternité avec ça. Cela aurait pu être assez grave.

Papa rejoint donc Léon, seul, pour les soins. Il était donc évident que je ne pourrais pas sortir comme je le souhaitais le lendemain. Déception encore. Je gardai cette sonde 24 h.

Mardi 16 juin, notre routine s'installe. Je suis fière chaque matin d'apporter mon lait tiré la nuit. Et tout recommence. Les soins, les massages, les bisous, les mots doux, les photos. Nous avons espoir... On s'imagine dans une semaine, avec Léon à la maison. Et même s'il devait avoir des séquelles, on s'adaptera ! On fera tout pour lui.

On nous explique que, dès demain, ils vont réguler sa température petit à petit et lui retirer sa couverture dans le but de voir comment son cerveau réagit. Cela prendra 24 à 48 h. Pour nous, c'est le début de quelque chose. On s'imagine déjà que dans deux jours il ouvrira les yeux.

Fin de journée, on me retire enfin la sonde. Je reste en observation. Si tout va bien demain, je pourrai sortir.

Le lendemain, mercredi, on arrive dans la chambre de Léon. Il est en train de passer un électroencéphalogramme. Cela permet de voir si son cerveau a des réactions, et principalement s'il convulse. Si c'est le cas, c'est mauvais signe. Quelques heures plus tard, le résultat arrive. Le cerveau de Léon est peu réactif. Pour nous, c'est une bonne chose puisque c'est ce qu'ils cherchent à faire depuis le début. Ce qu'on ne comprend pas tout de suite, c'est qu'il est vraiment trop peu réactif. Ce n'est finalement pas bon signe. Vendredi Léon devra passer une I.R.M. qui sera fatidique. Soit il survit, avec des séquelles plus ou moins lourdes, soit les séquelles sont incompatibles avec la vie…

14 h, nous repartons dans la chambre. Les soignants tentent de me convaincre de ne pas sortir. Mais rien n'y fait. Papa a besoin de moi, et j'ai besoin de lui. S'il ne peut pas rester avec moi ici, je sors.

Ils reviennent alors quelques minutes plus tard avec tous les papiers et ordonnances. Et nous voilà avec les valises à la main, dont celle de naissance prévue pour ton frère qui, elle, est restée intacte, prête à être chargée dans la voiture.

Nous passons le reste de la journée avec Léon, puis décidons de rentrer après les soins de 17 h à la maison. Arrivés vers 19 h, c'est la première fois que je passe la porte de notre appartement sans Léon. Ni dans mes bras, ni dans mon ventre. C'est dur, mais je me dis que dans quelques jours ce sera le cas. On garde espoir. Je me raccroche à ce que je peux, ces petits moments où l'on y croit encore. Demain, il n'aura plus cette couverture qui nous empêche de le prendre dans nos bras. Demain est un grand jour, on pourra avoir Léon contre nous.

Enfin !

Jeudi 18 juin, la jolie surprise. Léon est emmitouflé dans ma robe à imprimé jaune, et avec son doudou, mais n'a déjà plus sa couverture à notre arrivée. Il est tellement beau, notre fils. Nous sommes si fiers. Très vite, nous demandons à le prendre dans nos bras. Et là, c'est toute une organisation, entre ces fils, ces tuyaux. On se met vite d'accord pour que papa le prenne dans ses bras en premier. Après tout, je l'ai porté neuf mois dans mon ventre, cinq minutes dans mes bras après sa naissance, je sais combien il a hâte aussi de prendre son fils. Quelle beauté, quelle fierté. Je les assassine de photos. Ils sont si beaux, papa est si fier. Ils passent deux heures comme ça.

Cette journée-là a été difficile mais magique à la fois.

De Fréjus, Dr G. nous appelle pour prendre des nouvelles. Elle me propose de faire plusieurs examens, prises de sang, etc., notamment pour le covid-19, pour trouver une explication, mais surtout essayer de comprendre ce qu'il a pu se passer. Alors que la veille elle m'a donné un rendez-vous pour ce jour au laboratoire, la médecin du service nous demande de le reporter, elle insiste pour qu'on « profite de chaque instant avec Léon ».

Ça sonnait bizarre selon moi… Comme si les médecins savaient quelque chose que l'on ne nous disait pas. Je ne devais pas m'absenter, ne serait-ce qu'une heure pour aller au laboratoire.

Pourquoi ?

Puis vient mon tour de prendre Léon dans mes bras. Quel bonheur, c'est vrai. Très vite je me rends compte que ma robe est trempée. Effectivement, le rapprochement avec Léon a provoqué un engorgement lié à la montée de lait. C'est fou comme le corps réagit. Nous faisons plein de photos, puis 17 h, nous le réinstallons. Nous profitons encore des soins pour le masser et le câliner.

Ce soir-là nous avons dormi chez Élodie, une amie qui vit sur Antibes. Papa me propose d'aller prendre l'air en bord de mer pour souffler un peu, voir autre chose que cette chambre.

Nous nous retrouvons alors, désemparés mais encore avec l'espoir d'imaginer nos promenades avec Léon dans sa poussette. Puis après avoir bu un coup express, nous décidons de rentrer dîner. Je mets encore du temps pour tirer mon lait, et nous revenons voir Léon jusqu'à pas d'heure ce soir-là.

6. Le verdict

Vendredi 19 juin… Nous arrivons dans la chambre de Léon. Une énorme couveuse, vide, est là aussi dans cette chambre. On comprend tout de suite que c'est celle qui va transporter Léon pour aller passer l'I.R.M. La fameuse I.R.M. qui va nous mettre un point final à tout ça… Est-ce que Léon va vivre, si oui, quelles seront les séquelles plus ou moins lourdes, comment notre vie va-t-elle changer ? Ou bien devrons-nous lui dire au revoir ? Impensable pour nous.

Le personnel soignant nous propose de faire un tour, de manger et de revenir seulement après, car cela devrait prendre du temps. Nous revenons alors en début d'après-midi. Je porte Léon dans mes bras puis c'est au tour de papa.

17 h, nous le réinstallons pour les soins. Alors que je me prépare à tirer mon lait, on nous informe que la médecin va venir nous chercher pour les résultats de l'I.R.M.

Je fais un bisou à Léon, papa aussi. Puis nous la suivons. Dans ce couloir, nous nous serrons la main très fort avec ton papa. Nous avons peur, nous sommes tétanisés. Qu'allons-nous nous annoncer ? Nous nous installons dans son bureau.

Elle commence à parler, elle cherche ses mots, puis cette phrase : « Malheureusement, l'I.R.M. montre que son cerveau a des séquelles qui sont incompatibles avec la vie. »

C'est le drame. Je m'effondre, je n'entends même plus ce qu'elle nous dit ensuite. C'est impossible, comment je vais pouvoir dire au revoir à notre bébé, comment je vais pouvoir le laisser partir. Pourquoi lui, pourquoi nous. Alors que tout allait bien. Il est si beau si parfait. Je ne peux pas croire que notre fils va mourir. C'est irréel. Insensé.

Papa me regarde, me serre la main. Il est fort mais je sais qu'il l'est aussi pour moi. Nous nous dirigeons vers Léon et nous nous effondrons tous les deux cette fois. Alors ça y est, notre fils ne va jamais ouvrir les yeux, nous regarder, pleurer, rire, gigoter. Il ne va pas grandir auprès de nous. Il ne va jamais rentrer avec nous. C'est fini, notre fils va mourir. Nous le câlinons, l'embrassons, lui murmurons des « je t'aime » à n'en plus finir. C'est atroce ! Ce petit être que j'ai mis au monde il y a seulement six jours va devoir nous quitter…

Tant bien que mal nous essayons de nous ressaisir. Nous informons nos proches. Nous sommes alors vendredi 19 juin et tout notre petit monde vient de s'écrouler.

Nous rentrons le soir chez nous, notre ami Jéjé, ton tonton, est venu nous voir de Montauban pour nous soutenir. Ta tante meuh, enceinte de Lila encore à ce moment-là, ne pouvait pas se déplacer. Nous avons passé la soirée ensemble, et cela nous a fait du bien.

Très vite, papa a fermé la chambre de Léon. Quel supplice pour moi de voir cette chambre vide et qui le restera. Il a été aux petits soins pour moi à chaque instant. La nuit fut longue, entre les pleurs et le fait que je devais continuer à tirer mon lait. Non plus pour Léon, mais seulement pour vider ces seins qui me faisaient tant souffrir pour rien maintenant.

Dès le lendemain, samedi 20 juin, ton frère a été installé dans une chambre plus intimiste, où il était seul cette fois. Alors que les visites étaient interdites, au vu de la situation sanitaire, nous avons été autorisés à faire venir de la famille. Tes grands parents de Lavilledieu, ta grand-mère Murielle, ta grande tante Christel et votre marraine Sheyna sont venu du Sud-Ouest. On se serait bien passé de tout ça mais bon... Nous voilà tous dans cette chambre, aux côtés de ton frère pour ses derniers jours de vie.

Le soir même, nous rentrons tous à Fréjus.

C'était le camping dans l'appartement. Mais peu importe, à ce moment-là nous avions autre chose à penser. Nous nous retrouvions tous autour de notre table sur notre terrasse, à discuter de tout et de rien, à manger tant bien que mal, à essayer de nous changer un peu les idées. Mais en vain. Je ne pensais qu'à Léon.

Nous devions organiser les obsèques de ton frère, choisir quand nous allions le laisser partir. Cela me paraissait tellement absurde !

Dimanche 21 juin, fête des pères. La première de papa. Je lui avais fait un cadeau... Un tee-shirt assorti à un body pour Léon avec écrit dessus : « notre première fête des pères », une chope de bière pour papa et un biberon pour Léon. J'étais si fière de lui avoir préparé ça. Mais encore une fois, cela n'aurait pas dû se passer comme ça... Papa a tout de même porté son tee-shirt. Mais Léon lui ne pouvait pas porter son body. Nous ne pouvions pas l'habiller. Alors nous avons fait des photos simplement de papa qui portait son tee-shirt et du body juste posé sur Léon. C'était mieux que rien…

Nous passons nos journées encore une fois à le masser, le câliner, le parfumer. Ton frère avait un parfum, *Tartine et Chocolat*, que j'avais eu au Noël dernier en vue de son arrivée. Il sentait tellement bon.

Ce jour-là, le personnel soignant nous a aidés à nous créer des souvenirs, avec des empreintes de Léon. Les pieds seulement. Les mains, ce n'était pas possible, elles étaient trop crispées encore. Puis les puéricultrices sont revenues avec une petite carte « super papa » fabriquée par le service, spéciale pour la fête des pères. Ton papa était si heureux.

De petites attentions qui réchauffent le cœur.

Après en avoir longuement parlé avec la famille mais surtout avec ton papa, nous avons décidé de faire baptiser Léon. Pas que nous soyons croyants, mais ton papa m'a dit cette phrase à quelque chose prêt : « Je ne crois pas en Dieu mais j'ai envie de croire que Léon va aller quelque part là-haut, qu'il y a quelque chose, et ça c'est une croyance, donc on peut le baptiser en pensant comme ça, on croit en quelque chose. »

Ce soir-là, ton grand père Gilles, Papy Bloom comme il souhaite être appelé, est venu en coup express de Montauban nous voir pour nous soutenir. Juste le temps de manger avec nous, nous réconforter et repartir le lendemain. Pour lui, il était trop difficile de voir Léon mais impossible de ne pas venir nous voir dans ces moments-là. Nous avons donc respecté son choix. Avant de partir, il nous a demandé de remettre à ton frère un chapelet, qu'il a emporté avec lui jusqu'à sur son nuage.

Lundi 22 juin, nous préparons avec papa une petite valise avec nos affaires de rechange.

Et également des vêtements pour Léon. Papa m'a convaincue, aujourd'hui ce sera notre dernière journée avec ton frère. J'aurais été incapable de prendre cette décision donc c'est bien qu'il l'ait fait. Nous devons le laisser partir.

Nous avions donc décidé qu'il serait baptisé aujourd'hui, qu'ensuite nous passerions la nuit avec lui avant de l'accompagner vers son tout dernier voyage.

Demain matin, au réveil, nous lui dirons au revoir...

Avant de nous rendre auprès de ton frère, nous nous arrêtons, accompagnés de tes grands parents de Lavilledieu, aux pompes funèbres. Tout me paraît si illogique, je n'arrive pas à parler. Papa prend les devants et explique avec l'aide de ton grand-père la situation. Une dame, très sympathique et empathique nous reçoit, nous explique tout. Je voulais enterrer Léon pour être sûre d'avoir un endroit où me recueillir, être auprès de lui. Mais après discussion des possibles, la dame nous propose l'incinération dans le but de disperser les cendres... en mer. Pour nous, c'est l'idéal. Idéal ? On parle de mon fils qui va mourir... mais oui.

Papa est militaire, nous sommes donc amenés à bouger dans différents endroits. La mer, elle, sera notre point de repère pour retrouver Léon, n'importe où dans le monde.

Nous avons, papa et moi, à ce moment même déjà choisi l'endroit où nous irons pour disperser ses cendres sans même en avoir parlé. Ce sera sur la Corniche d'Or, en face du Cap Roux. Notre endroit ! Puis vient le moment où nous devons choisir le cercueil, blanc, si petit, ainsi que l'urne. Alors c'est tout ce qu'il restera de son passage sur cette terre ? C'est si difficile à accepter.

Nous repartons direction Nice, par curiosité et sous les conseils de la première dame que nous avons vue, nous allons dans une autre agence de pompes funèbres. Cette fois-ci, une dame si froide, qui ne cherche qu'à vendre ses services, à des prix qui nous sortent par les yeux tant c'est incomparable avec ceux de celle qu'on a vue à Fréjus. Bref, nous écourtons cet instant et nous allons rejoindre Léon. Ce sont donc nos derniers instants avec ton frère. Nous en profitons pour nous créer encore des souvenirs. Des photos, des empreintes encore.

16 h, Clément, le meilleur ami de papa, parrain de Léon, nous rejoint en train. Il voulait être présent. 17 h, Léon est dans mes bras, sa petite cérémonie de baptême commence.

C'est rapide, ce n'est pas un instant rêvé mais nous avons fait ce que nous voulions, ton papa et moi.

Fin de journée, nous demandons à la famille de dire au revoir à ton frère. C'est la dernière fois qu'ils le verront. Seuls Clément et Sheyna passent la soirée avec Léon et nous. Puis vient le moment de dire au revoir pour eux aussi.

Nous nous retrouvons alors seuls avec papa et ton frère. Le personnel soignant nous emmène des lits pour la nuit. Ils nous proposent d'installer Léon sur le lit avec nous, toujours avec tous ces fils, de sorte à ce qu'on soit tout proche de lui durant la nuit.

Effrayée qu'il pût se passer quelques chose, je n'ai pas réussi à dormir auprès de ton frère. Alors on a alterné avec papa. Un coup lui, un coup moi. Lorsque j'avais besoin de me reposer, je laissais la place à papa et m'allongeais dans le petit lit qui se trouvait derrière eux.

Ton frère ne bénéficiait plus que de simples soins depuis que nous savions qu'il devait partir, pour son confort, afin qu'il reste paisible.

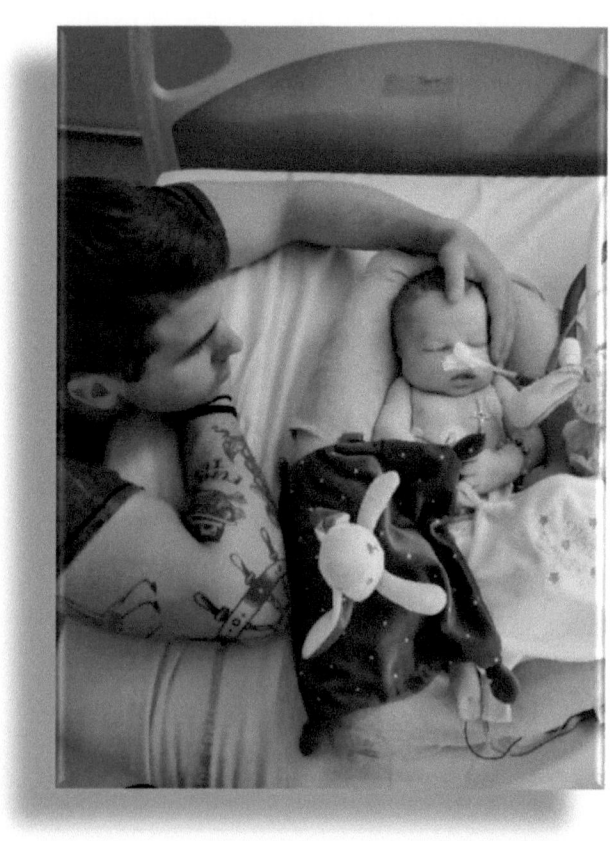

7. Au revoir Léon

Au petit matin, nous décidons de nous préparer avec ton papa, nous doucher, nous habiller afin d'être prêts à dire au revoir à Léon.

Vers 9 h 00, le personnel soignant est venu nous voir. Encore une fois impossible de prendre cette décision officiellement, j'ai regardé ton papa, qui leur a expliqué que nous étions prêts.

Prêts ? Vraiment ? Je ne suis pas sûre qu'on soit réellement prêts à dire au revoir à notre fils un jour mais pourtant il le fallait.

Elles nous proposent alors de lui faire une toilette avant tout, que nous acceptons. Nous prenons soin de lui laver le corps, de le sécher, le masser. À tour de rôle avec papa nous nous occupons de lui. Puis vient ce moment de le laisser partir. Nous nous installons de chaque côté de Léon qui est au milieu du lit, papa à sa gauche et maman à sa droite.

Elles nous expliquent comment cela va se passer, cela peut prendre quelques minutes ou heures. On ne sait pas...

10 h environ, elles lui enlèvent tous ces branchements qui lui permettaient de rester en vie, seules les perfusions pour ne pas qu'il souffre restent sur son joli corps. On découvre alors le vrai visage de ton frère, son joli petit nez, son beau visage tout entier sans fils ni tuyaux. Mais qu'il est magnifique !

Elles éteignent les écrans à notre demande. Ça y est... ça commence. Notre bébé est en train de s'en aller... Nous nous effondrons, lui disons combien nous l'aimons, à tout jamais. Nous le remercions de nous avoir choisis comme parents, nous lui promettons de ne jamais l'oublier, qu'un jour il sera grand frère, qu'il aura des frères et sœurs qui sauront combien il était beau et courageux. Nous lui promettons de rester forts, ensemble, et de le faire vivre dans ce bas monde.

10 h 58... son dernier battement de cœur. Il est parti, ça y est. Apaisé, avec tout notre amour,

et plus encore. 23 juin 2020, notre fils s'est envolé vers les étoiles. Ton grand frère est devenu un merveilleux bébé des étoiles.

Le personnel soignant revient dans la chambre, et nous propose maintenant de l'habiller. Je refuse directement, sans réfléchir. Papa, lui, accepte, et me fait finalement changer d'avis. Nous avions pris les plus beaux vêtements que nous lui avions achetés, pour qu'il ressemble à papa. Son petit short bleu avec des ancres de marine, sa petite chemise blanche avec le col Mao, ses petites chaussettes blanches et ses chaussures bleues. Il était à croquer. Un vrai petit mec.

Sheyna et Clément sont venus nous chercher, ils en ont profité pour dire au revoir à ton frère une dernière fois. Nous sommes restés dans cette chambre à faire plein de photos, de lui, de nous trois, de famille, les seules que nous aurons avec lui. Les soignants nous ont apporté un appareil photo numérique avec un filtre en sépia, pour profiter de ces instants. Cela paraît absurde d'immortaliser ce genre de moments, douloureux, et pourtant nous étions comme soulagés de pouvoir le faire. Il ne nous restera que ça après tout.

Alors évidemment le manque et le vide ont vite pris place, mais grâce à ces moments passés avec lui, nous avons de superbes souvenirs à partager avec toi, ma fille.

Ton papa nous propose alors, vers midi passé, de rentrer. Si cela n'avait été que de moi, je serais restée là dans cette chambre toute la journée. Et bien plus encore. Mais il faut se rendre à l'évidence, cela n'aurait pas été la meilleure des choses à faire.

Difficilement, nous disons au revoir à Léon, encore une fois, la dernière. Encore des bisous sur son corps qui refroidit de minute en minute, je ne réalise pas que je ne le reverrai plus. Nous quittons cette chambre, tous les quatre, vides.

Pour autant, tout n'était pas terminé. Nous devions encore finaliser les obsèques de Léon.

L'après-midi, après un court repos, nous retournons aux pompes funèbres. Papa et moi-même expliquons que ton frère est parti. La gentille dame que nous avions vue la première fois nous reçoit, nous organise tout, appelle le crématorium, nous prévoit la cérémonie le jeudi 25 à 14 h ainsi que le trajet pour aller chercher Léon à Nice et le ramener à Fréjus. Déjà un soulagement pour moi car je ne m'imaginais pas devoir gérer tout ça encore...

Alors voilà, jeudi 25 juin au matin, nous irons voir ton frère à Nice avant la mise en bière et à 14 h nous lui dirons un tout dernier au revoir.

Le crématorium nous appelle afin de nous expliquer le déroulé de la cérémonie. Il nous faut choisir des photos et des musiques, cinq au total. Je me dis qu'on a bien fait de prendre des photos ce matin même, elles permettront de diffuser de magnifiques clichés de ton frère. Pour les musiques, nous nous mettons vite d'accord avec papa.

Mercredi 24 juin. Le vide. C'est le premier jour où je ne vois pas mon fils. Je me sens seule, un manque abyssal s'installe.

Malgré tout, je trouve la force grâce à ton papa d'aller chercher une robe en bord de mer pour la cérémonie de Léon. Il souhaitait que je sois belle pour ton frère. La vie est si cruelle. Je viens de perdre mon fils, et les gens autour de moi ne savent pas évidemment, la terre continue de tourner. J'aimerais à ce moment-là crier au monde entier que mon bébé est mort. Cette souffrance si pesante... Je me sens oppressée par toute cette agitation autour de moi, par ces gens pour qui la vie ne s'est pas effondrée, alors que la mienne, oui !

Ma vie ne sera plus jamais la même sans mon fils. Comment apprendre à vivre avec ça ? Et pourtant, il le faut. Il faut continuer à vivre.

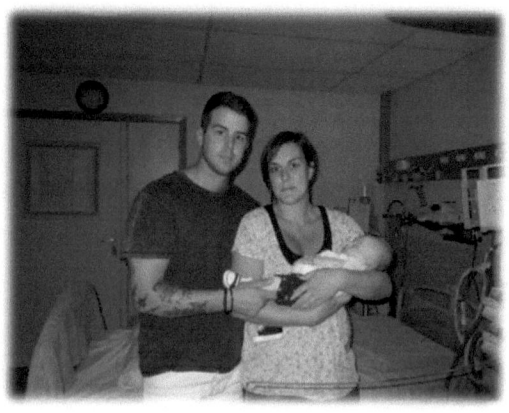

8. La cérémonie

Jeudi 25 juin, nous nous préparons tous pour tous pour aller à Nice voir ton frère. Lorsque je le vois, allongé dans son tout petit cercueil blanc, je le trouve encore tellement beau. J'ai envie de le toucher mais j'ai peur… Je l'effleure seulement et sens cette froideur, cette raideur aussi. Je préfère garder ce souvenir de ton frère encore chaud et doux. Je le contemple seulement. À tour de rôle, tout le monde va dire un dernier au revoir à Léon. Papa et moi assistons à la fermeture du cercueil, la mise en bière.

Léon est parti avec son doudou, la robe de maman qui l'a accompagné durant tout son séjour à l'hôpital et le chapelet de votre papy Bloom. Ressortie de cet endroit, je m'effondre. Et c'est alors qu'on nous remet un lange dans lequel ton frère était à Nice, il sentait encore son odeur. Que c'est bon de sentir son odeur.

On la précieusement gardé, bien qu'aujourd'hui son odeur ait disparu.

14 h, nous nous rendons au crématorium de Saint-Raphaël. Nous avons reçu une vague de soutien énorme par des proches et moins proches, à notre grande surprise d'ailleurs. Beaucoup souhaitaient participer à la cérémonie pour nous témoigner leur affection mais nous avons préféré rester entre nous.

La dame du crématorium vient nous chercher à l'entrée. Les portes s'ouvrent, la première musique démarre, *Je t'aimais, je t'aime, je t'aimerai,* de Francis Cabrel. Nous nous avançons, le cercueil de Léon était déposé au-devant, une gerbe de fleurs du 21e RIMa avait été livrée, une photo de Léon, en grand, juste devant nous était projetée. Les larmes coulent, comment avons-nous pu en arriver là.

La 2e chanson démarre, sur l'air de la chanson *Rise*, reprise par le groupe Boyce Avenue, les photos de notre magnifique bébé des étoiles défilent. J'entends sangloter tout autour de nous, je m'effondre encore, ton père me sert fort contre lui. Ta grande tante Christel a ensuite prononcé un discours pour ton frère, qu'elle a elle-même soigneusement écrit :

A Notre Petit Ange Léon

Notre Petit Ange Léon, tu as déplié tes douces ailes puisque la vie ici te quitte.
Tu t'envoles vers ce grand ciel qui devient ton petit nid douillé
Et même si nos yeux sont pleins de larmes, nos cœurs fauchés
Envoles toi vers l'au delà.
Même si cette douloureuse absence restera pour nous une souffrance.
Tu seras toujours au fond de nous. Dans le cœur de tes parents tu dormiras et dans leurs heures de combat, ta douce présence les réchauffera
Notre Petit Ange, ne te retiens pas pour nous, Nous

resteront debout ne t'inquiètes
pas puis vivre ton chemin.
Nous garderons de toi ces
jours de bonheur que tu nous
as offert à nos vies.
Nous garderons en nous l'image
de ton petit nez, ta petite
bouche, tes petits pieds, tout
ton être si beau et si parfait.
Merci à Toi Petit Ange Léon
de nous avoir permis de te
rencontrer.
On t'aime fort ♡

Vient la 3e musique, une chanson de blues
pour faire honneur à ton papa qui adore le blues,
et espérait transmettre ça à ses enfants, *I'll play
the blues for you* de Daniel Castro. Sur cette
chanson, nous déposons à tour de rôle des roses
blanches sur le cercueil de Léon.

Puis, la musique *Vole*, de Céline Dion, qui
prend tout son sens... Le cercueil de Léon est
soigneusement porté et mené vers le
crématorium. Les photos de ton frère

continuent de défiler. Mon enfant. C'est mon enfant qui se trouve là. C'est si dur de le voir partir. Un déchirement.

Enfin, dernière chanson, *Hey hey, my my* de Battleme. Nous nous effondrons l'un contre l'autre, avec ton papa. Nous nous prenons dans nos bras. Nous sommes malheureux, tristes, vides. Les proches se mettent tout autour de nous, nous embrassent, pleurent avec nous, nous demandent de rester forts et nous félicitent de l'avoir si magnifiquement accompagné, jusqu'au bout. C'est vrai, j'en suis fière, nous lui avons réservé un hommage digne de lui.

Tous épuisés, nous rentrons à la maison. Nous ne savons pas vraiment quoi faire. Regarder la T.V. ? Difficile. Discuter ? Mais de quoi ? Ta grand-mère Murielle, ta grande tante Christel et Sheyna sont parties dans l'après-midi.

Ton père et moi sommes assis sur le canapé, puis endormis. L'un près de l'autre. Le soir, ton père décide de défaire et ranger la chambre de Léon. Au plus tôt. Alors ce sera demain.

9. Ce n'est pas fini…

Vendredi 26 juin, nous avons rendez-vous à 9 h pour aller récupérer l'urne de ton frère. Nous partons tous les deux la chercher, nous voilà dans la voiture avec cette urne. Il devrait y avoir un siège auto et ton frère dedans. Au lieu de ça on se retrouve avec une boite rectangle, qui contient l'urne et les cendres de ton frère. Invraisemblable !

Dans la matinée, tes grands parents de Lavilledieu partaient à leur tour. L'après-midi, alors qu'il ne restait que Clément avec nous jusqu'à samedi, nous commençons à défaire la chambre de Léon. Au départ réticente à l'idée d'y remettre les pieds, je me suis convaincue que c'était encore le moyen de l'accompagner jusqu'au bout.

Alors ce fut assez rapide, difficile mais efficace, en moins de deux heures tout était fait. La chambre était de nouveau vide.

Tout dans les cartons, caché dans l'armoire. La poussette cachée dans un coin, sous un drap.

C'est comme s'il n'y avait jamais rien eu... presque ! Dans un autre coin de la chambre, il y avait cette boite, qui contenait l'urne. Voilà tout ce qui restait. Nous avons décidé que nous irions disperser les cendres dimanche, une fois que nous serions enfin tous les deux avec papa, seuls.

Samedi 27 juin, une nouvelle journée à affronter. Clément repartait aujourd'hui. Nous allions donc nous retrouver papa et moi, nous en avions besoin. Ce n'était pas de tout repos d'avoir tant de monde à gérer à la maison, en plus de cette épreuve à vivre.

Nous passons la journée devant la T.V., à ne rien faire.

Depuis le mardi où nous avons quitté cette chambre d'hôpital, j'ai pris l'habitude de dormir avec un doudou de Léon, le 2e qu'il avait avec lui durant ses dix jours en réanimation. Je l'asperge de son parfum, le garde contre moi. Dix mois plus tard, au moment où je t'écris, je le fais encore. Ça éveille tant de souvenirs.

Dimanche 28 juin, nous nous rendons sur la route de l'Esterel, la Corniche d'Or. La calanque face au Cap Roux, c'est ici que vont reposer les cendres de ton frère, en mer. Deux semaines après avoir accouché, il m'est difficile de descendre cette roche. Je regarde donc, d'un peu plus haut, ton père jeter l'urne dans la mer. Et une nouvelle fois, je m'effondre. Les larmes coulent. Cette fois, tout est réellement fini. Notre Léon des étoiles repose en paix.

En rentrant, nous avons soigneusement rangé tous nos souvenirs de Léon dans une jolie boite : ses petits bracelets d'hôpitaux, les empreintes, le carnet de santé, les photos et cartes DIY des professionnels de santé, son lange, son body, la plaque de son cercueil avec sa date de naissance et de décès. Difficile de se dire que tout ce qui nous reste physiquement de ton frère est dans une boite.

J'ai également très vite installé un petit mémorial dans le salon avec des photos et une bougie que j'allume tous les jours depuis. Notre Léon n'est plus là mais il est partout.

10. Et après…

Les jours qui ont suivi, nous avons décidé de partir nous changer les idées autant que possible. Nous sommes alors allés chez des amis à Lyon, qui nous ont réservé un accueil si chaleureux qu'aujourd'hui encore je les en remercie. Puis quelques jours à Montauban, dans le Sud-Ouest, pour aller voir les proches. Fin juillet, papa a repris le travail et une nouvelle routine s'est installée. Malgré tout, nous sommes restés soudés plus que jamais. Ton papa si parfait a pris soin de moi, et malgré son envie de partir en sentinelle comme cela été prévu, il a finalement refusé pour rester près de moi.

De mon côté, je ne savais plus quoi faire pour continuer à vivre. J'ai pris contact avec une association, « Nos tous petits de Nice », qui propose chaque mois une rencontre, un groupe de parole spécifique pour parents endeuillés. Puis un suivi avec une psychologue.

En bref, tout ce qui me semblait bon pour en parler.

Il y a plus de sept mille familles touchées par le deuil périnatal chaque année. Il s'agit de la perte de son bébé durant la grossesse, à l'accouchement ou à quelques jours, voire semaines de vie. Et avant d'être nous-mêmes confrontés à ce drame, je n'imaginais pas le nombre de parents dans notre cas.

Cependant, j'ai aussi été face à cette réalité qui est si frappante, le deuil périnatal est un sujet encore tabou ! On se retrouve tellement seul et mal accompagné qu'il faut savoir trouver soi-même la force morale de rebondir.

Pour ma part, les réseaux sociaux m'ont beaucoup aidée. On y retrouve un grand nombre de parents rendant hommage à leur bébé parti trop tôt, ainsi que des podcasts sur le deuil périnatal, des associations, des pages d'entraide et de soutien. Et tellement de solidarité, d'empathie.

Si cela pouvait choquer certains proches que j'affiche des photos de ton frère, raconte notre histoire, d'autres inconnus et moins proches m'ont apporté beaucoup de douceur, de mots réconfortants. J'ai alors continué à faire vivre Léon, à parler de nous et de ce que je ressentais. Ce manque abyssal, ce vide qu'il a laissé. Mais surtout tout l'amour, ce profond sentiment d'amour que même sa mort n'arrêtera jamais.

Je me suis longtemps demandé pourquoi lui ? Pourquoi nous ? Qu'est-ce que j'ai fait de mal pour mériter ça ? Quel était le problème ? Nous n'aurons jamais d'explication sur ce qu'il lui est arrivé. Parce qu'il n'y a rien qui explique une telle chose. On ne sait pas pourquoi, mais on doit vivre avec ça.

Nous avons eu une réunion avec tous les professionnels de l'hôpital de Fréjus, à notre demande, présents durant la grossesse et l'accouchement. J'ai démarré la réunion en reprenant tous les faits depuis ce fameux 16 avril, tous les rendez-vous, leur pronostic sur le poids, sur le fait qu'il aurait éventuellement dû sortir avant le terme. J'ai exprimé mon sentiment d'avoir eu un suivi négligé sous prétexte que «tout allait bien». Mais leurs réponses n'ont pas été celles que j'attendais.

Des excuses de mon gynécologue qui ne m'avait pas rappelée, beaucoup de blabla pour nous dire que rien n'explique ce qui est arrivé à ton frère. Ils ont fait analyser mon placenta ainsi que le cordon ombilical, un petit hématome a été retrouvé sur celui-ci mais il ne semble pas que cela puisse être la raison à tout ça.

Nous repartons de cette réunion avec beaucoup de rancœur, de frustration. Moi en pleurs, parce que je veux savoir, je veux comprendre ce qui n'allait pas mais personne ne me donne ces foutues explications. Personne n'est capable de me donner les raisons de ce qui nous a menés à perdre notre fils.

Quelques mois plus tard, j'ai une nouvelle fois sollicité l'hôpital afin d'avoir le dossier médical de Léon. Une nouvelle rencontre est programmée avec le Dr G. et un médecin expert gynécologue, spécialisé dans ce genre de situations pour analyser le monitoring, etc.

Nous reprenons alors ensemble tout ce qu'il s'est passé depuis mon arrivée à la maternité jusqu'à l'accouchement. Nous réexaminons le monitoring de Léon. Et là encore, rien n'indique qu'il était en souffrance dans mon ventre. Tout est bon jusqu'à la naissance de ton frère. Je me fais donc une raison, tant bien que mal, et me dis que rien ne pouvait être prévisible. Les professionnels n'ont pas fait d'erreur médicale, et Léon semblait aller bien.

C'est « la faute à pas de chance », comme ils nous ont dit. Dur pour autant à accepter. D'autant plus, qu'après tout cela, me vient en tête de nouvelles questions. Pourquoi n'ont-ils pas fait d'autopsie ? Ils n'ont pas cherché à savoir si autre chose avait pu causer la mort de Léon. Ils se sont contentés des conséquences… Léon a manqué d'oxygène, et son cerveau avait trop de séquelles. Oui, ça, on l'avait compris ! Mais pourquoi a-t-il manqué d'oxygène ?

Qu'est-ce qui a pu causer ça ? Nous n'aurons jamais de réponse.

« Anoxie Ischémie Périnatale » est le terme exact. Je l'ai découvert par moi-même, via un compte Instagram où une maman racontait l'histoire de son fils parti trop tôt. La même chose que ce que nous avons vécu avec Léon. Il a fallu que je tombe par hasard sur une vidéo, sur un réseau social, pour y mettre enfin des mots... Les médecins n'ont jamais évoqué ce terme, ce qui m'a mise très en colère à ce moment-là !

Les mois passent, tout est bon à prendre pour continuer à vivre. Nous avons, dès le début, décidé avec ton papa que nous aurions un autre bébé rapidement.

Pas pour oublier ni remplacer ton frère, non, mais pour continuer à le faire vivre, agrandir notre famille, donner tout l'amour que l'on a à donner à nos enfants, vivre notre rôle de parents à part entière.

Ton papa est formidable avec moi, il me fait tenir bon, et je peux dire que si j'en suis là aujourd'hui, c'est entièrement grâce à lui.

Il m'aide à rester debout, à me battre et à continuer à vivre. Nous avons tous les deux fait un tatouage en hommage à ton frère. Pour ton père, un chapelet autour du poignet avec le nom de la chanson de blues qu'il avait choisie pour la cérémonie. Très symbolique. Pour moi, l'empreinte des pieds de Léon, avec son prénom et sa date de naissance sur l'avant-bras, mais aussi le dessin d'une de nos photos de moi tenant Léon dans mes bras en l'embrassant.

Au-delà de notre cœur, de nos souvenirs, Léon est à présent gravé sur notre peau, à tout jamais.

Le 14 septembre 2020, trois mois après Léon, nous nous marions enfin. Nous avions prévu de réorganiser un vrai mariage au départ, mais les évènements nous ont poussés à le faire de façon très simplifiée et intimiste, nous étions quatre. Sheyna, Henry et nous. Un passage à la mairie, nous nous sommes dit oui. Je suis enfin madame VASQUEZ, liée à ton papa, portant le même nom que Léon. Et bientôt que le tien ! Je suis si fière.

Papa est ensuite parti, durant près de deux mois et demi en mission, d'octobre à mi-décembre.

Moi, j'ai repris le travail, le sport, lu quelques livres sur le deuil périnatal et repris une alimentation saine et équilibrée dans le but de perdre mon poids de grossesse. Je me suis fixée des objectifs pour tenir bon durant son absence. Et tous les week-ends j'allais voir Léon, pour lui parler et me ressourcer.

Au retour de papa, les fêtes de fin d'année approchent. Difficile pour moi d'imaginer un Noël sans Léon. Cela devait être le premier à trois. Nous avons alors décidé avec papa de rester tous les deux, et sommes retournés ensemble voir ton frère le 25 midi. Voilà, ce sera donc ça notre premier Noël à trois… entre ciel et terre, entre ciel et mer.

11. La grossesse d'après ; toi.

Quelques semaines après, j'ai des doutes sur une éventuelle grossesse. Des nausées, des maux de ventre, des vertiges, une fatigue, bref, plein de petites choses qui me font dire « tiens, s'il le faut... ». Puis non, je n'y crois pas. D'autant plus que j'ai des saignements que je pense être mon cycle.

Arrive ce fameux jour, alors que je suis en télétravail à la maison. On est le 28 janvier 2021, je me décide à faire ce test. Après tout, je serais fixée. Surprise ! Il est positif. J'en pleure de joie. Je n'arrive pas à y croire. J'envoie une photo à ta tante meuh, qui me conseille d'en faire un 2d. J'appelle ma collègue de travail, Sabrina, qui s'en doutait déjà au vu de mes confidences. Midi arrive, je dis à ton père qu'on a reçu un colis... Il rentre me voir durant sa pause, voit le test positif sur la table. Il me regarde, sourit, me prends dans ses bras...

Il est heureux. Évidemment ! Ne nous affolons pas... Je décide tout de même de courir à la pharmacie pour faire un 2d test. Cette fois plus de doutes, il est positif encore !

En effet, une prise de sang révèle que j'étais quasiment à de deux mois de grossesse aménorrhée. Qui l'aurait cru… Tu t'es installée là, le 28 décembre, à peine quelques jours après le retour de papa. Difficile tout de même de se projeter au début, un peu peur de te perdre, toi aussi, qui es encore au creux de mon ventre. Puis peur d'oublier ton frère qui nous accompagne chaque jour.

Ton père est parti le 10 mars, quatre mois, en mission en Martinique. Nous avions une échographie cette après-midi là, quelques heures avant son départ, et espérions savoir ton petit secret. Malheureusement ce ne fut pas pour ce jour-là, nous repartirons un peu déçus mais rassurés car tout semblait aller pour le mieux.

9 avril 2021, échographie de contrôle avec Dr G. Et la surprise, elle me confirme ton petit

secret. C'est bien toi, ma petite fille, qui se cache au creux de mon bidou. Notre petite Esmée. Avant même que tu te sois installée bien au chaud, j'avais déjà décidé de ce prénom si notre prochain bébé était une fille. Est-ce un signe ?

Esmée signifie « qui est aimée ». Il nous promet une petite fille avec un fort caractère, prévu pour septembre donc probablement du signe de la Vierge, comme maman. Papa me dit déjà que tu seras la fille à son papa, une mini-moi et qu'il va en chi***. J'en ris tant je nous imagine. J'ai hâte en tout cas de t'avoir au creux de mes bras, toi, notre bébé bonheur. Je t'aime déjà tellement

Alors que nous pensions l'année de 2020 être la plus belle année de notre vie, mariage et bébé, nous avons vécu la pire chose qu'il puisse nous arriver en tant que parents. Peut-être 2021 sera-t-elle la bonne ? Notre bébé des étoiles, notre bébé bonheur, et un départ dans les Caraïbes pour deux ans.

12. Un jour après l'autre.

Nous sommes le 26 avril 2021. Ma petite princesse, aujourd'hui je peux enfin dire que ça y est, je te sens bouger. J'avais quelques doutes depuis plusieurs jours et même semaines. Mais je n'en ai plus. Tu es bien là ! Je porte à nouveau la vie, et c'est toi qui es bien là au chaud. Nos corps ne font qu'un. Je réalise tout doucement que dans quelques mois tu seras dans nos bras… C'est ce dont je rêve chaque jour, je prie pour que tout se passe bien et demande à ton frère de veiller sur toi.

Je t'ai commandé une tenue de naissance, personnalisée avec ton prénom, pour toi. Pour ce jour où enfin nous te rencontrerons. J'ai acheté quelques vêtements de bébé, fille, car après avoir ressorti les affaires de Léon, je me suis rendu compte que j'avais un peu de mal à imaginer un autre de nos enfants les porter. Et sans mentir, quand je vois tout ce qui se fait pour les filles, j'aurais envie de tout acheter !

Tu seras si belle ma petite boulette dans tes habits. Je t'imagine tellement ! J'ai un peu peur de m'y prendre si tôt malgré tout. Peur qu'encore une fois tout reste dans des cartons. Mais le temps fera les choses. On avance, ensemble, un jour après l'autre, mon bébé bonheur.

Papa est toujours en Martinique. Il me manque énormément, j'ai hâte qu'il rentre. Je lui envoie des photos régulièrement de mon ventre, qui me paraît déjà si gros ! Je suis à quatre mois de grossesse, j'ai l'impression d'être déjà à six mois. Il a toujours les bons mots, me rassure, et a toujours un mot pour toi. Notre petite fille, comme il le dit si joliment. Il t'aime déjà énormément. Il rêvait avant même de savoir ton petit secret ; que tu serais une fille, Esmée. C'est dire à quel point il t'attend lui aussi. Nous sommes tous les deux impatients !

D'ici quelques semaines ton papa et moi serons installés en Martinique, pour deux ans.

Nous pourrons alors te préparer ta jolie chambre en attendant de t'avoir enfin dans nos bras.

Ce jour-là ce sera le début d'une nouvelle aventure, unis tous les quatre ; papa, maman, ton grand frère des étoiles et enfin toi.

Conclusion

Plus jeune, alors qu'une connaissance de lycée avait elle-même perdu sa fille de vingt mois suite à une maladie incurable, j'ai toujours dit que jamais je ne saurais surmonter ce genre de drame si cela devait m'arriver. La perte d'un enfant, de son propre enfant. J'ai toujours été admirative de sa force, de son courage, de sa facilité à en parler sur les réseaux, mais surtout de son incroyable capacité à vivre. Elle a choisi de vivre, et de faire vivre sa fille à travers sa propre vie.

Jusqu'au jour où j'ai moi-même perdu mon premier bébé, mon fils, je ne savais pas à quel point j'étais forte moi aussi. Alors bien sûr, on ne se remet jamais de la perte de son enfant, je pense. Ce type de deuil, de l'avenir, ne finit jamais.

Chaque matin je pense à Léon, chaque soir je lui souhaite une bonne nuit. Il fera toujours partie de moi, de nous. Il est de notre famille,

aussi particulière soit-elle, entre ciel et terre.
Pour toujours, et jusque dans l'au-delà.

Il a fait de moi sa maman, devenue une
« mam'ange ». Pour la vie !

Remerciements.

Je remercie mon mari, mon grand amour, ce merveilleux papa qui me soutient en toutes circonstances et m'apporte tant de force au quotidien. Je suis admirative de l'homme qu'il est, si fière de celui qu'il est devenu, et aimante pour tout ce qu'il me permet de vivre.

Mon Léon, je sais que tu es partout où nous sommes. Si loin et si proches à la fois, je reçois tes signes et te remercie de tout cet amour que tu nous envoies. Mon premier grand bébé, je ne pourrai jamais t'oublier, tu garderas toujours ta place à part entière dans notre famille. Je t'aime jusqu'aux étoiles.

Ma petite fille chérie, j'ai si hâte de te rencontrer. Si hâte de te tenir dans mes bras, en bonne santé. Remplir mon rôle de mère à part entière. Te voir t'éveiller et grandir, à nos côtés. Je t'aime déjà tellement.

Merci à nos amis, Meuh et Jéjé pour tout leur amour et leur soutien à toute épreuve.

Et merci à nos amis et famille, Henry, Sheyna, Christel, Céline, Élodie, amis du 21e RIMa, collègues CIP (conseillers) et tous les autres.

Enfin, je remercie les professionnels de santé, toutes les personnes proches ou de loin, sur les réseaux sociaux et inconnus pour vos mots et votre soutien.

Vous pouvez me retrouver sur mon compte
Instagram : family_vasquez_1306
Et sur Facebook : Sandrine Vasquez

Esmée, 5 mois

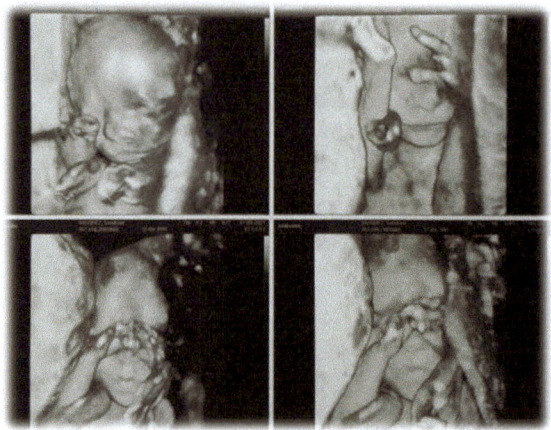

Léon Gilles Serge VASQUEZ

52cm

3kg950

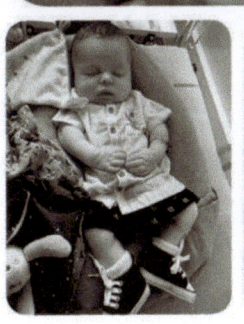 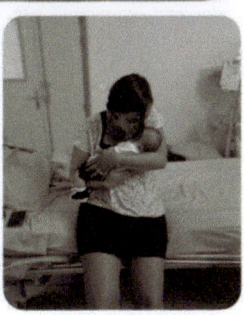

13.06.20 - 23.06.20